Ulrich Schaffer
mit Waltraud Schaffer

Im Zeichen Zwilling

Der Weg der Leichtigkeit

Ulrich Schaffer
mit Waltraud Schaffer

Im Zeichen Zwilling

Der Weg der Leichtigkeit

HERDER

FREIBURG · BASEL · WIEN

Der Weg der Leichtigkeit

Es gibt Menschen, die erst wirklich leben, wenn sie kommunizieren. Kommunikation ist für sie das Wichtigste in ihrem Leben. Sie entfalten sich im Austausch mit anderen Menschen und sind vor allem soziale Wesen, die andere brauchen. Ihre Kommunikation findet häufig auf der geistigen Ebene statt, und darum ist Sprache sehr wichtig für sie. Die Sprache ist der Weg zum andern. Aber weil Sprache letztlich auch nur eine Chiffre ist und Worte nur Bilder für etwas, darum tritt der Mensch auf diesem Weg noch nicht mit dem Leben selbst in Verbindung, sondern zunächst nur mit Worten und kann sich so seine Leichtigkeit bewahren, weil es noch nicht um das Eigentliche geht. Über das Leid zu reden ist etwas ganz anderes, als das Leid zu erleben. Worte sind nicht Wunden.

Wie jeder Weg hat auch dieser zwei Seiten. Leicht zu sein und das Leben leicht nehmen zu können ist eine besondere Gabe: die Fähigkeit, über sich selbst und das Leben zu lachen. Wer sein persönliches Leid als relativ betrachten kann, der weiß, dass er sich selbst nicht zu wichtig zu nehmen braucht und es deshalb leichter hat. Doch darin kann man auch übers Ziel hinausschießen, wenn man meint, da alles relativ sei, brauche man nichts ernst zu nehmen. So seltsam es auch klingen mag: Die Leichtigkeit auf einer tieferen Ebene muss manchmal schwer erkämpft werden. Sie fällt niemandem zu. So kann der Weg der Leichtigkeit schwer sein, aber er ist es auf jeden Fall wert, mit Freude gegangen zu werden.

Das Ziel des Weges

Für dich ist die Welt voller Leben,
sie ist ein Meer von Ereignissen und Erfahrungen,
in das du geworfen bist.
Du willst die Welt kennen lernen,
alles wissen und informiert sein.
Du sammelst Eindrücke und Gedanken
und gibst sie neu verbunden weiter.

Das Ziel dieses Weges ist es, offen zu bleiben.
Du bist gerufen, die Welt mit Worten zu erfassen,
zu formulieren, was ist. Du machst deutlich,
wie viel abhängt von der passenden Beschreibung.

Auf deinem Weg lässt du dich leiten
von dem, was du hörst – du reagierst
und entwickelst neue Sichtweisen.
Dies ist der Weg des Lernens.
Bildung ist wichtig.
Vorstellungskraft wird gebraucht.

Zu dir würde das Wort passen:
Ich bin, weil ich denke.
Das Denken soll die Welt erobern,
daran hast du deine Lust.

Was du spürst

Du spürst große Freude bei geistigen Tätigkeiten.
Du lebst in einem Reichtum von spritzigen Einfällen,
von Kombinationen und Querverbindungen.
Das eine führt zum andern,
jenes kommt dazu und dieses auch noch,
und daraus ergibt sich ein Weiteres, und, und, und ....
So setzt du das Bild der Welt zusammen,
und legst dich dabei doch nicht fest.
Immer wieder gibt es noch eine andere Sicht.

Du bist in deinem Element, wenn du denkst.
Freundliche Neugier geht von dir aus.
Alles kann gedacht werden.
Gedanken sind da, um entdeckt
und dann wieder losgelassen zu werden.
Denken kostet nichts,
weil der Weg zum Handeln weit ist.

Wenn du spürst, dass es schwer wird,
wendest du dich ab
und entscheidest, dein Augenmerk auf das Leichte zu legen.
Du lässt dich nicht herunterziehen
und erlebst dich darin als stark.

München
Augsburg
Achtung! Schulanfänger
Haunstetten
Gilles Manon
Bienne
Gemeinde
Gröbenzell
Bayern
VICTORIA B.C.
MISSOURI
PORT ARTHUR
TEXAS
LOON MOUNTAIN
JENNINGS McCAULEY
RED DEER BARRHEAD
ALBERTA CANADA
1983
STOREY
CAMROSE
CORPORATE LIMI
ESCAPE TO WISCONSIN
STAN LINTOTT
PRAIRIE FIRE
RAYMORE SASK.
Santa Monica
CITY LIMIT
POP 83.249
ELEV. 57
LARGO, FLORIDA
OHIO
XLEE
SAGE
NATIVE
CHATTANOOGA
CITY LIMITS
WELCOME
RENO
HARROWSMITH
ONT.
City of Gatesville
Don't mess with Texas.
GRIMSHAW ALBERTA
USA
gfield Mo.
LE ONTARIO
ES TO THE EAST
MCGEE
1986
LENA, MONTANA
TERING
FIRE DEPT.
dvale
FIRE DEPT
HILLANDALE
MOUNTAI
BULLDOGS
THE WATSON'S
NICK + JUENE HANIG
ANN BELTHUIS
ARIZONA
COLUMBIA

Die Energie von der du zehrst

Dein Geist ist eine wichtige Quelle deiner Energie.
Du glaubst, dass Denken
dir die Welt erschließen wird.
Mit der Kraft deines Geistes
ziehst du durch die Welt
und ermöglichst Fortschritt.

Der Austausch ist die andere Quelle deiner Kraft.
Du brauchst die Begegnung, weil es schwer ist,
alle Seiten einer Sache allein zu vertreten.
Du benötigst ein Gegenüber,
mit dem du das Denken spielerisch üben kannst.
Du allein bist wie Zwillinge,
die miteinander reden und spielen.
Was du von dir gibst, ist wichtig,
und was du von anderen empfängst ebenso.

Dein Geben und Nehmen ist wie das Aus- und Einatmen.
Es gibt dir Kraft,
so wie der Körper durch den Sauerstoff, den er einatmet,
und durch das Kohlendioxyd, das er ausatmet,
Energie gewinnt.

Wie Dir gefällt das Feuerwerk deiner Gedanken.
du Je flinker du denken kannst,
desto wohler fühlst du dich.
dich An guten Tagen
sind deine Gedanken wie Schmetterlinge,
selbst die von einer Sache zur andern flattern,
oder wie Zugvögel,
erlebst die von einem geistigen Kontinent
zum andern ziehen.
Du liebst die Beweglichkeit der Gedanken.

Oft ist es dir gar nicht so wichtig,
mit deinem Denken etwas zu lösen oder zu verstehen –
schon das Denken selbst erfüllt dich
und macht dir Freude.
In ihm steckt die Möglichkeit,
im Kopf überall mitzuleben, mitzugestalten,
ohne es tatsächlich tun zu müssen.
Du bist stolz auf deine Denkfähigkeit,
und manchmal ist es dir fast lästig,
dass Denken Konsequenzen hat.

Du und die anderen

Jeder Mensch ist dir ein Austauschpartner.
Du nimmst die Reaktionen anderer Menschen auf,
als würdest du mit deinen und ihren Gedanken spielen.
Du beginnst schnell eine Freundschaft,
weil du eine leichte Art hast,
auf Menschen zuzugehen.
Du hältst den passenden Abstand
und bedrängst den anderen nicht.
Wenn eine Freundschaft nicht hält, wunderst du dich darüber,
weil du vergisst, dass der Mensch dir gegenüber
nicht nur denkt, sondern auch fühlt.
Viele leben aus ihrem Gefühl,
aus der Bedeutung ihres Erlebens,
und das Reflektieren kommt erst viel später,
wenn sie Zeit dazu haben.

Oft leitest du Gespräche ein,
du gehst voran, und man folgt dir glücklich
oder auch widerwillig.
Es ist nicht immer leicht mit dir,
wenn du gleich drei Wege aufzeigst, die man gehen kann.

Deine Leichtigkeit kann für andere schwer sein,
weil sie anders sind als du
und schwere Gedanken in sich tragen.

Woran du leidest

Nicht mehr denken zu können
wäre für dich fast wie Sterben.
Um ein Thema herumzugehen,
es anzudenken, deine Position zu verwerfen
und wieder eine andere einzunehmen
– das brauchst du,
und es nicht mehr zu können
würde dir Angst machen.

Festgelegt zu werden,
einen Standpunkt zu beziehen,
dich zu entscheiden,
die Schwere zu spüren, die nach dem Denken kommt,
wenn du handeln musst
und nicht mehr ausweichen kannst,
das bedrängt dich. Das scheust du.
Du spürst, wie du dabei
etwas von deiner Leichtigkeit verlierst –
Verbindlichkeit macht dir Angst.

Du leidest, wenn du merkst,
dass du im Leben anderer wenig bedeutest.
Wenn sie dich links liegen lassen
und ihre Unternehmungen ohne dich machen,
dann weißt du nicht mehr, wer du bist.

Vermeide was dich herabzieht

Vermeide es,
Menschen nach ihrer Fähigkeit zu denken, einzustufen.
Vermeide es zu glauben,
dass das einzig Wichtige das Denken ist,
im menschlichen Miteinander,
im Lösen von Problemen
und im Erschließen der spirituellen Welt.

Vermeide es, alles relativ zu sehen.
So beraubst du die Welt ihrer einmaligen Werte,
so hast du immer einen Ausweg bereit,
um nicht selbst in die Lage zu kommen,
das tun zu müssen, was du für gut befunden hast.

Vermeide es, dich zu verzetteln
und in zu viel Wissen zu fliehen,
weil du dann das Wissen mit dem Tun verwechselst.
Durch das Reden entziehst du dich dem Wagnis des Handelns.
Jede Chance zu argumentieren bietet einen Fluchtweg.
Das Denken und das Handeln müssen in dir zu einer Einheit werden.
Dabei kannst du ein Stück deiner Leichtigkeit verlieren.

Vernachlässige nicht deine dunkle Seite,
die weint, während du lachst und alles leicht nimmst.
Auch sie gehört zu dir und zieht dich nicht herab.

Wenn du liebst

Du begibst dich leicht in neue Beziehungen,
du liebst nicht gefühlvoll und uferlos,
sondern überschaubar und luftig-leicht.
Du bringst etwas ins Rollen, wenn du liebst,
weil du andere auf humorvolle Weise ermunterst,
ein Risiko einzugehen.
Durch dich wird deutlich,
dass nichts endgültig ist,
und dass es immer wieder neue Chancen gibt.

Wenn das Leben so viel Schwere hat,
dass es kaum noch zu ertragen ist,
dann lockerst du es auf.
Du kannst einem Menschen,
dessen Leben ständig in Wiederholungen abläuft,
durch deine Leichtigkeit wie ein Retter sein,
weil mit dir viel Neues geschieht.

Wenn du liebst, ist es dir wichtig,
dich auf bunte Weise auszutauschen.
Du willst Briefe schreiben, reden, wandern,
Museen besuchen, Konzerte hören
und viel mit dem geliebten Menschen erleben.
Deine lebendige Vielseitigkeit ist dein Geschenk an den Geliebten.

Gott auf deinem Weg

Es ist wichtig für dich,
Gott in die richtigen Worte zu kleiden,
ihm eine fassbare Gestalt zu geben,
ihm einen Wirkungskreis zuzuordnen.
Du wirst nicht umgetrieben von dem Namenlosen,
dem Immer–Anderen,
dem Fremden und Unheimlichen,
dem Gott des brennenden Busches.

Der Gott deines Weges ist nicht ein mysteriöser,
voller Unaussprechlichkeit und Geheimnis.
Er lässt sich begreifen.
Dein Gott ist zuerst ein gedachter
und danach vielleicht auch,
wenn du es erlaubst,
ein erlebter Gott.
Vielleicht ist dein Gott sogar die Leichtigkeit selbst.

Du lehnst den Gott anderer Religionen nicht ab.
Du bist offen und dein Gott ist beweglich.
Er ist in allem zu finden.
Er wehrt sich nicht gegen die immer neuen Namen,
die du ihm gibst.

Enttäuschungen sind unvermeidbar

Auch du gerätst in deinem Denken an ein Ende
und spürst, dass die übrige Welt dir
auf diesem Weg verschlossen ist.
Es ist schmerzhaft,
wenn etwas problematisch wird
und du dir deine Leichtigkeit nicht mehr bewahren kannst.
Du bist enttäuscht, wenn das, was du gegeben hast,
nicht ausreicht, um eine Beziehung zu erhalten.
Du hast gehofft, dass deine Leichtigkeit mitreißt, wie so oft.
Wenn es nicht gelingt, kann es sein, dass du dich ausgenutzt fühlst.

Du bist enttäuscht,
wenn jemand deine Spritzigkeit nicht bewundert.
Der Mensch hat andere Werte,
es macht dir Mühe, dich hineinzudenken.
Dann gilt es, das Wahrnehmen hinter dem Denken,
das Sprechen mit deinem Wesen zu lernen.

Es gibt Menschen, die aus der Stille leben.
Das macht dich unsicher. Es ist, als hättest du nichts zu bieten.
Das ist deine Chance, die tiefe, bedeutsame Schwere,
die es auch in dir gibt, zu entdecken.
Es muss nicht das Ende des Abenteuers sein.

Der besondere Postbote

Als ein kleiner Junge im Lauf eines Krieges seine Eltern verlor, sah seine Zukunft dunkel aus. Sein Land hatte den Krieg nicht begonnen, sondern verteidigte sich nur gegen die große Übermacht des Nachbarlandes. Als die fremden Soldaten mit Kavallerie und großen Kanonen einrückten – Panzer und Autos gab es damals noch nicht –, da gab es viele Tote in der Stadt. Der kleine Junge wurde von den Soldaten mitgenommen, niemand weiß warum, und gelangte so in eine Stadt weit weg von seiner Heimat. Er kam in verschiedene Lager, und als der Krieg zu Ende war und man seine Eltern nicht finden konnte, steckte man ihn in ein Waisenhaus, wo er aufwuchs.

Schon früh entdeckten seine Erzieher, wie schnell er denken konnte. Er begriff vieles sofort. Dazu war er flink mit Wort und Tat, ohne dabei unangenehm zu sein. Mit vierzehn verließ er das Heim und ging bei einem Postboten in die Lehre. Weil er seine Arbeit so gewissenhaft verrichtete, durfte er bald allein Botengänge machen und die Post austragen. Er hatte ein leichtes und sonniges Temperament und war überall gern gesehen. Die Menschen vertrauten ihm gern wichtige Nachrichten an. Nichts machte ihm so viel Spaß, wie zu der Post, die er austrug, auch noch Informationen von einem zum anderen zu tragen: Hausrezepte, Gartentipps, Einsichten in die politische Lage, Heilkunde, Geschichten von spannenden Ereignissen in anderen Ländern, Veränderungen in den Familien der Stadt und vieles mehr. Als er dreißig Jahre alt war, wurde er der jüngste Postinspektor, den die Stadt je gehabt hatte. Nun stand er mit der ganzen Stadt offiziell in Verbindung. Er wurde in vielen Fragen zu Rate gezogen und hatte auch zu allem eine gute Meinung. Häufig reiste er beruflich, besuchte andere Städte und beriet sie in ihren Postfragen, hielt Vorträge und war bald weit über seine Stadt hinaus bekannt. Er scheute auch nicht die Mühe, zwei Fremdsprachen zu lernen, und kam so auch ins

Ausland, wo er weiter lernte und wichtige Verbindungen knüpfte. Als er vierzig war, ehrte ihn die Stadtverwaltung mit einer Feier. Gerade an diesem Abend merkte er, dass ihm trotz aller Kontakte, trotz seines intelligenten Kopfes und trotz seiner Lebendigkeit und Beliebtheit etwas fehlte. Auf dem Höhepunkt der Feier ging ihm auf, (der Bürgermeister sagte gerade „... der feinste Postinspektor, den die Stadt je gehabt hat ..."), dass er eigentlich keine Heimat hatte. Als er hernach in sein Bett fiel, dachte er: „Ich bin überall und nirgends." Er wusste nicht genau, was das bedeutete, aber er entschloss sich, ein Jahr aus seinem Beruf auszusteigen und nur still seinen ganz persönlichen Dingen nachzugehen. Er wollte zu sich kommen, sagte er dem Bürgermeister.

Nun geschahen erstaunliche Dinge. Eine große Ruhe, die er bisher nicht erlebt hatte, breitete sich in seinem Leben aus. Gelegentlich genoss er es, den ganzen Tag das Haus nicht zu verlassen und sich nur einer Sache zu widmen. Er las viel und spürte, wie sein Leben an Gewicht zunahm. Er brauchte nun keine Anregungen mehr, weil er nur das vertiefen wollte, was bereits in ihm steckte. Er las über die

Zeit des Krieges, als er ein Kind gewesen war, besuchte das Waisenhaus, dachte viel über sein bisheriges Leben nach und war mehr bei sich als je zuvor. Der Höhepunkt dieses Jahres kam, als eines Tages ein älteres Ehepaar an seiner Tür stand und ihn um ein Gespräch bat. Sie fragten ihn viel, lächelten, nickten einander zu und offenbarten ihm am Ende, dass sie seine Eltern seien. Durch gewisse Beweise, darunter eine Narbe, die er sich als kleiner Junge zugezogen hatte, gab es keine Frage, dass sie die Wahrheit sprachen. Sie hatten die Suche nicht aufgegeben und ihn endlich gefunden. Für ihn war es das größte Ereignis seines Lebens. Nun war etwas, was bisher immer offen gewesen war, abgeschlossen, und seine Unruhe konnte sich legen.

Als er zur Arbeit, die er immer noch liebte, zurückkehrte, war er weiterhin ein guter Postinspektor, aber dazu kam eine tiefe Verbundenheit mit allem. Er brauchte nicht mehr Verbindungen herzustellen, weil sie in seinem Bewusstsein existierten. So entdeckte er eine neue Leichtigkeit, die er bisher nicht gekannt hatte.

Was du von Natur aus bist

Von Natur aus bist du beweglich,
willst du alles wissen und ausprobieren,
kannst du Abstand halten,
siehst du zwei oder mehr Seiten einer Sache,
bist du wortgewandt,
vielleicht sogar wortgewaltig,
ist dir Denken das Wichtigste,
ist dir nichts endgültig, auch dein eigenes Denken nicht,
weil du alles immer wieder neu besiehst,
bist du glücklich, wenn du etwas beschreiben kannst,
bist du angeregt und anregend im Gespräch,
wirkst du kühl und bist doch kontaktfreudig,
scheust du die Bindung,
lernst du gern und viel,
bist du nicht dogmatisch,
gehört das Zweifeln immer zu deinem Denken dazu,
bist du leicht, wie ein Drachen im Wind,
bist du manchmal kindlich,
siehst du die Welt wie aus dem Flugzeug,
legst du Worte nicht auf die Goldwaage,
munterst du andere gern auf.

Was dich glücklich macht

Es macht dich glücklich,
immer wieder neue Eindrücke zu erleben
und dafür nicht unbedingt weit zu reisen,
oder große Strapazen auf dich zu nehmen:
In deiner Nähe gibt es so viel, was du entdecken willst.
Du genießt die Abwechslung und bist glücklich,
wenn du nicht vielen Wiederholungen ausgesetzt bist.
Veränderung ist für dich das Gewürz des Lebens.
Das Leben drückt sich in einer Vielzahl von Möglichkeiten aus.

Es macht dich glücklich,
dein Leben nicht in einem Entweder-Oder ablaufen zu lassen.
Zu kostbar sind dir beide oder alle Seiten einer Sache,
so dass du keine von ihnen aufgeben willst.

Mit Kindern zu sein macht dich glücklich,
weil du durch sie auf dein junges Wesen stößt.
Du spielst gern, hast es gern unkompliziert
und freust dich an dem Zugang, den du zu Kindern hast.
Manchmal fühlst du dich bei ihnen wie unter Geschwistern,
ganz gleich wie alt du bist.

Du hältst alte Verbindungen aufrecht und stellst neue her.
Jeder Bezugspunkt setzt etwas in dir frei.
Wenn du durch die Welt wirbelst,
angesprochen wirst und ansprichst,
dann bist du in deinem Element.

Wenn es schwer wird

Wenn du von anderen herausgefordert
oder vielleicht sogar abgelehnt wirst,
weil sie dich oberflächlich nennen
und deine Worte auf sie leer wirken,
dann kann es dir passieren,
dass deine Leichtigkeit dich nicht mehr trägt.
Zu sehr wirst du in Frage gestellt.

Sei denen dankbar, die dich hinterfragen.
Sie sind deine Chance, deine neue Möglichkeit,
auch wenn sie dir Schmerzen verursachen.
Es kann dein Weg in eine erfüllte Tiefe sein.
Halte still, lass dich auf das Aug-in-Auge ein.
Das sind die Momente,
in denen du dein tieferes Wesen findest.

Und wenn du keinen Ausweg siehst,
dann erinnere dich, dass auch das ein Weg ist.
Oft geht es gerade dort auf neue, ungeahnte Weise weiter,
wo kein Weg mehr zu sehen ist.

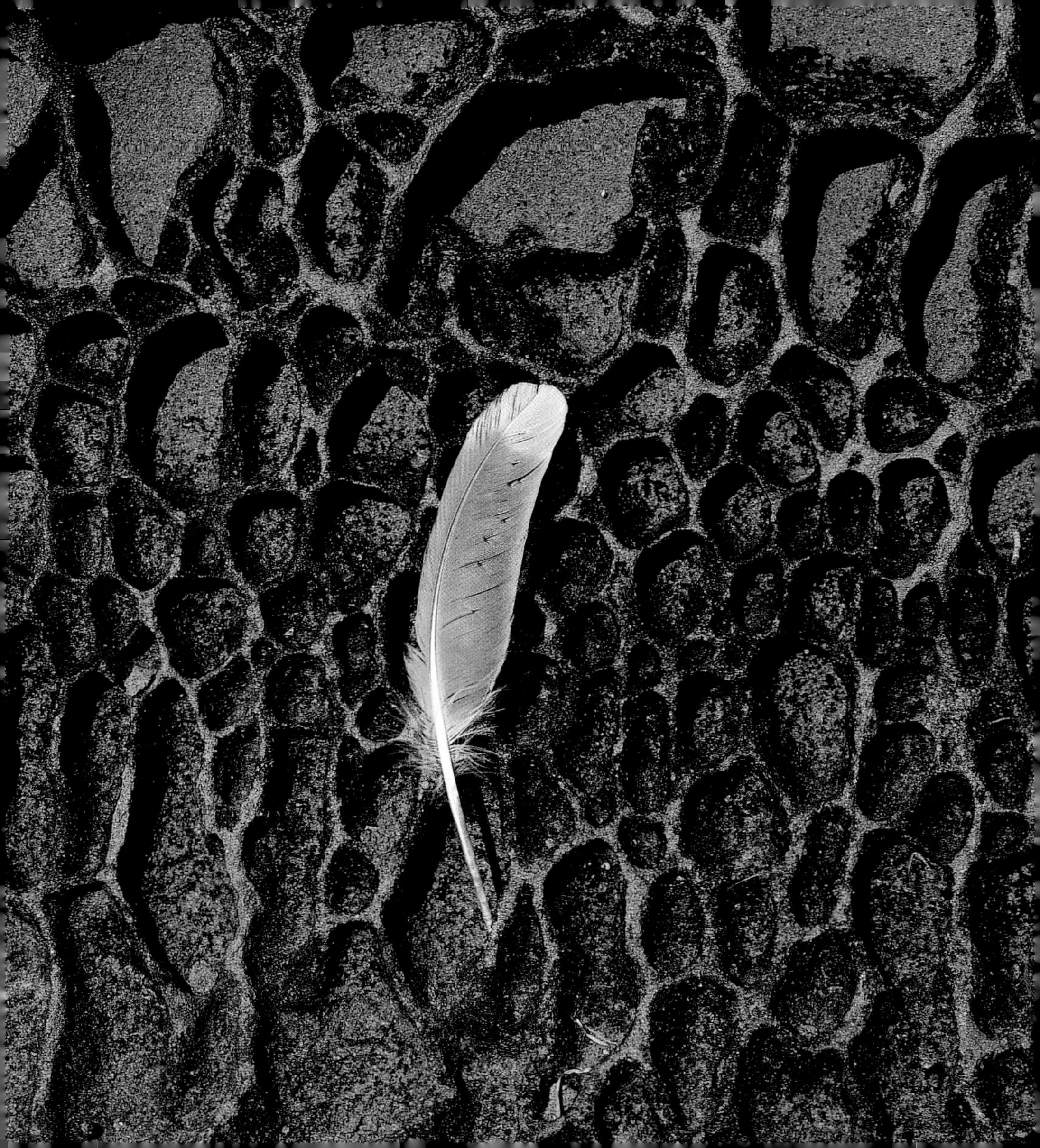

Das Besondere deines Weges

Wo andere sich im Mitgefühl verausgaben
und handlungsunfähig werden,
da verlierst du nicht den Überblick
und lässt das Problem nicht so groß werden,
dass du es nicht mehr bewältigen kannst.

Wo andere keine Worte mehr finden,
suchst du weiter nach dem rechten Ausdruck
und findest ihn oft.

Wo andere in den Kampf ziehen,
und es Verletzte geben wird,
bietest du das Gespräch an.

Wo einer genau zu wissen meint, wie alles zu sein hat,
da stellst du neue Fragen
und gelangst so über das hinaus,
was zuerst gedacht wurde.

Wo andere Schwere und Hoffnungslosigkeit erleben,
siehst du ungeahnte Möglichkeiten
durch die Leichtigkeit deines Denkens.

Eine große Herausforderung

In deiner Leichtigkeit und Beweglichkeit
läufst du Gefahr, dich zu verzetteln.
Du willst überall mitmachen
und mitreden.
Hier entdeckst du etwas Neues,
und dort fällt dir noch eine andere Möglichkeit ein.
Zu jedem Gedanken gibt es einen Gegengedanken,
alles hat zwei oder mehr Seiten,
die du spielerisch ernst nimmst.
Zu allem gibt es noch etwas Zusätzliches zu lernen.

So springst du von einem zum anderen,
weil alles in sich wertvoll ist,
erfasst dabei aber manches nicht in seiner vollen Tiefe.
Während du die Zeitung liest,
hörst du Musik und meinst,
dich auch noch an einem Gespräch beteiligen zu können,
aber du bist nicht ganz bei der Sache.
Selbst wenn du über etwas intensiv nachdenkst,
heißt das nicht, dass deine Gefühle beteiligt sind.
Es kommt zu keiner wirklichen Begegnung.

Deine größte Herausforderung ist es, Gefühle zuzulassen
und sie mit deinem beweglichen Denken zu verbinden.

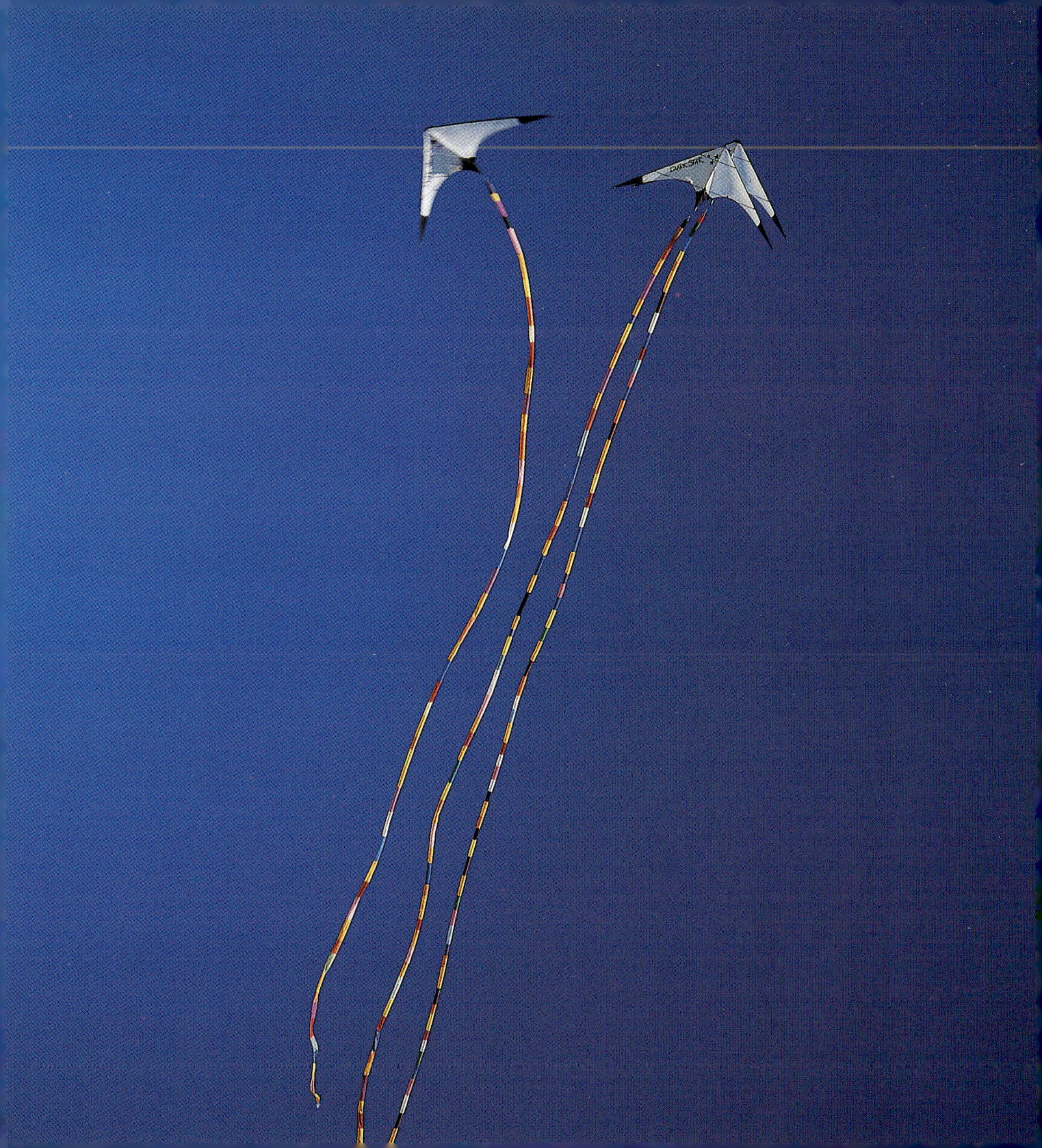

Sei achtsam

Achte auf deine Zunge.
In ihrer Beweglichkeit und Schnelligkeit
kann sie allem den Wert nehmen.
Deine Worte können Kraft in sich tragen.
Lass deine Sprache nicht leer
und deine Worte nicht nur Wind sein.

Halte es aus, eine Zeit lang ohne Abwechslung zu leben.
Bleib bei dem, was du begonnen hast.
Es hat eine tiefe Seite, die es wert ist, entdeckt zu werden.
Konzentriere dich. Sei da, wo du bist.
Nutze sogar die leere Luft,
um aus Korn Mehl zu machen
und aus Mehl Brot.

Überwinde deine Langeweile durch innere Zuwendung.
Die Langeweile liegt nicht in der Sache, sondern in dir.
Der alte weise Chinese hat gesagt:
Je weiter man reist, desto weniger weiß man.

Falle nicht auf die Laune des Augenblicks herein.
Jeder Moment kann missbraucht werden.
Beobachte deine Flüchtigkeit.

Die reife Form deines Weges

Es ist deine Begabung, in der Gegenwart zu leben
und den Augenblick wahrzunehmen.
Aber vielleicht tust du es noch,
indem du die Vergangenheit
und die Zukunft ausschließt.
Auch wenn dieser Augenblick nur ein Punkt
zwischen gestern und morgen ist,
muss er die Welt vor sich und nach sich enthalten.

Es gibt genug Menschen, die auf ihrer Reise in die Weisheit
verbittert geworden sind.
Sie haben nicht ausgehalten, dass die Welt unerfassbar ist
und dass die Wahrheit sich ihnen nicht anpasst.
Viel Zerstörung in der Welt geschieht,
weil wir unfähig sind, still zu sitzen, wenn es erforderlich wäre.

Auf deinem Weg geht es um eine Beweglichkeit,
die jenseits der Flüchtigkeit liegt,
und um eine Leichtigkeit, die jenseits der Schwere liegt.

Lass dich anlocken von Gedanken,
die sich mit dem Unfassbaren beschäftigen.
Dann wirst du merken, wie die verschiedenen Seiten in dir
zu einer neuen, dich überraschenden Einheit finden.
So wirst du dich und die Welt in einer anderen Tiefe erleben.

Die Geschenke deines Weges

Dieser Weg ist reich an Eindrücken
und gibt dir immer eine neue Sicht der Welt.
Weil du auf diesem Weg beweglich bleibst,
findest du im Laufe deines Lebens
Zugang zu ganz unterschiedlichen Sichtweisen,
und dadurch ist dein Leben nicht langweilig,
sondern voller Abwechslung.

Dieser Weg beschenkt dich mit Leichtigkeit.
Du bist nicht verbissen und von einem Ziel besessen.
Du hast dich nicht an eine Theorie verkauft
und folgst nicht einer dogmatischen Enge,
weil es dir wichtig ist,
auf deine Einfälle und die anderer Menschen einzugehen.

Dieser Weg lädt dich immer wieder ein aufzubrechen.
Du erfindest dich und die Welt neu
und wirkst damit erfrischend auf andere.
Du bist für eine Überraschung gut,
und wer sich mit dir einlässt, wird auch lebendig.
An dir richten sich andere auf
und genießen die Fähigkeit abzuheben
und das Leben leicht zu nehmen.
Du wirst selbst fliegen lernen,
und dann werden andere es von dir lernen.
Das ist deine Berufung.

Wachse über dich selbst hinaus

Im Glück des Moments
und in der Leichtigkeit deiner Unternehmungen
gibt es eine Wahrheit, die schwer mit Worten
und Gedankenstrukturen zu erfassen ist.
Es geht um das Wesentliche,
und es gibt nichts Wesentliches ohne Schwere.

In jeder Leichtigkeit gibt es eine versteckte Schwere,
sonst schwebte die Leichtigkeit davon
und hätte kein Wesen und keinen Kern.
Schweres will immer nach oben, damit es schweben kann.
Die sieben Achtel des Eisbergs wollen an die Sonne,
damit sie in ihrer Verwandlung leicht werden.

Ohne Schwere leicht zu sein ist leicht.
Erst wer in aller Schwere leicht ist, hat Leichtigkeit.
Erst wer im Überblick den Mut hat,
sich dem Winzigen liebend zuzuwenden, hat den Überblick.

Sei wie ein Airbus, der trotz seiner Schwere fliegt,
weil er das Prinzip des Fliegens anwendet
und sich nicht leicht gemacht hat.
Sei die Wahrheit, sage sie nicht nur.

Zu den Bildern

Die Bilder in dieser Buchserie haben zum Teil einen anderen Zweck als sonst in meinen Büchern. Sie sollen nicht nur eine Meditationshilfe sein, sondern sie sollen in den meisten Fällen die Energie eines Weges verkörpern. Mit diesem Gedanken haben wir sie ausgesucht.
Jeder dieser Wege findet in der äußeren Welt, in den Dingen, die uns umgeben, seinen Ausdruck. Die Dinge der Welt haben ihre eigene Energie. Der Weg der Kraft findet seinen Ausdruck im Strahlen der Sonne, im Bild des Löwen als König der Tiere, im Leuchten einer Sonnenblume. Der Weg der Balance findet seinen Ausdruck in der Geradlinigkeit des Horizonts, der alles auszugleichen scheint, in der Ausgewogenheit der Anordnung einer Blumenblüte. Wir haben versucht, bei der Auswahl der Bilder innerhalb der Energie eines jeden Weges zu bleiben, so wie wir den Weg verstehen, um den Band stimmig zu halten. Oft sind die Entsprechungen zwischen außen und innen geheimnisvoll, und man muss lernen, sie zu sehen und sich in sie einzudenken.
Bei dem Weg der Leichtigkeit geht es um Kommunikation und alles, was zur Verständigung führt. Es ist der Weg, der durch Bilder bewegter Leichtigkeit und spielerischer Freiheit am besten ausgedrückt wird. Weiße, vom Wind geblasene Wolken, eine Möwe im Wind oder Zugvögel auf ihrer Reise haben die Energie dieses Weges. Im Briefeschreiben und im Gespräch drückt sich dieser Weg zwischen Menschen aus.

Die zwölf Wege des Menschen

Jeder von uns hat in seiner Einmaligkeit seinen ganz eigenen Weg. Die Unterteilung in zwölf Wege gibt es in unterschiedlichen Formen schon lange. Für den Weg werden unterschiedliche Namen gebraucht, je nachdem, ob man sich mit Psychologie, Philosophie, Astrologie oder Theologie beschäftigt. Auch die Kultur und die Zeit bestimmen die Beschreibungen dieser Wege. Das Alte Testament, die Weisheitsschriften Laotses, die moderne Analyse C. G. Jungs oder das jahrhundertealte Enneagramm können uns unseren Weg weisen, so auch die Tierkreiszeichen. Es geht immer um uns und unsere Art, das Leben anzugehen. Die alte Weisheit der Astrologie beschreibt Energien, die in unserem Leben wirken. Unser ganzes Leben lang lernen wir, sie zu entdecken, mit ihnen umzugehen und sie zu bejahen.

Jeder Mensch sucht sich selbst zu verstehen, seine Ziele, den Ursprung seiner inneren Kräfte, seine Gottesbilder, seine Stärken und Schwächen. Wir wollen sie akzeptieren oder sie durch Bewusstwerdung auf dem Weg in eine größere Reife überwinden.

Niemand lebt nur auf einem Weg. Jeder von uns trägt Elemente aller Wege in sich, und es ist wertvoll, auch diese zu verstehen und damit auch den Weg unseres Partners, unserer Freunde und Familienmitglieder zu erspüren. Je mehr wir sie verstehen, desto besser können wir miteinander umgehen.

Ich, Waltraud, habe den Weg der Balance als meinen Weg erkannt, weiß aber auch um die Wichtigkeit der anderen Wege in meinem Leben. Ich, Ulrich, habe den Weg der Begeisterung als den wichtigsten Weg in meinem Leben erkannt, spüre aber auch, wie bedeutend die anderen Wege sind.

Waltraud und Ulrich Schaffer stammen beide aus Deutschland und leben seit vielen Jahren in British Columbia in Kanada. Ulrich Schaffer ist als Schriftsteller und Fotograf bekannt für seine Text- und Bildbände mit Naturfotos, die inzwischen eine Gesamtauflage von über fünf Millionen erreicht haben. Waltraud Schaffer hat sich schon seit vielen Jahren mit Astrologie beschäftigt. Für diese Buchreihe haben beide ihre Ideen und Fähigkeiten vereint, um die zwölf Wege des Menschen in ihren unterschiedlichen Energien zu beschreiben.

ulrich schaffer Waltraud Schaffer

Alle zwölf Wege des Menschen

– in gleicher Ausstattung erschienen –

Im Zeichen Widder Der Weg des Aufbruchs
Im Zeichen Stier Der Weg der Lebensfreude
Im Zeichen Zwilling Der Weg der Leichtigkeit
Im Zeichen Krebs Der Weg der Treue
Im Zeichen Löwe Der Weg der Kraft
Im Zeichen Jungfrau Der Weg der Klarheit
Im Zeichen Waage Der Weg der Balance
Im Zeichen Skorpion Der Weg der Lebenstiefe
Im Zeichen Schütze Der Weg der Begeisterung
Im Zeichen Steinbock Der Weg des Erfolgs
Im Zeichen Wassermann Der Weg der Freiheit
Im Zeichen Fische Der Weg des Mitgefühls

www.herder.de
Texte, Fotos, Layout: Ulrich Schaffer
Autorenfoto: Zilya Schaffer
Satz und Repro: Reprographia MEDIENHAUS-LAHR
Druck und Bindung: EuroGrafica S.p.A., Marano-Vicenza 2004
Gedruckt auf umweltfreundlichem, chlorfrei gebleichtem Papier
ISBN 3-451-28289-5